# वह लड़की जो मोटरसाइकिल चलाती है

[कविता-संग्रह]

# वह लड़की जो
# मोटरसाइकिल चलाती है

अनन्त भटनागर

राधाकृष्ण

ISBN : 978-81-8361-828-1

**वह लड़की जो मोटरसाइकिल चलाती है**



**पहला संस्करण :** 2017

**मूल्य :** ₹ 250

**प्रकाशक**
राधाकृष्ण प्रकाशन प्राइवेट लिमिटेड
7/31, अंसारी मार्ग, दरियागंज, नई दिल्ली-110 002

**शाखाएँ :** अशोक राजपथ, साइंस कॉलेज के सामने, पटना-800 006
पहली मंजिल, दरबारी बिल्डिंग, महात्मा गांधी मार्ग, इलाहाबाद-211 001
36 ए, शेक्सपियर सरणी, कोलकाता-700 017

वेबसाइट : www.radhakrishnaprakashan.com
ई-मेल : info@radhakrishnaprakashan.com

**मुद्रक :** बी.के. ऑफसेट
नवीन शाहदरा, दिल्ली-110 032

VEH LADKI JO MOTORCYCLE CHALATI HAI
*Poems by* Anant Bhatnagar

# निज मन, निज मत

प्रायः कालजयी होना, कविता के श्रेष्ठ होने की कसौटी कही जाती है। जबकि सच्चाई यह है कि सम सामयिक सामाजिक अन्तर्क्रियाओं से जूझते हुए ही कवि रचना-कर्म की ओर प्रेरित होता है और वह अपने समय के प्रश्नों और परिवर्तनों को लक्षित करते हुए, उनसे साक्षात्कार करते हुए अपने विचार व अनुभूतियों को कविता में ढालता है। पाठक भी अपने युग के सत्य, संघर्ष, विरोध व विडम्बना की अभिव्यक्ति कविता से अपेक्षित करते हैं। इसीलिए तात्कालिक घटनाओं पर रचित युग सापेक्ष कविताएँ अपने युग में अधिक लोकप्रिय होती हैं। इसका अर्थ यह भी नहीं कि कविता को केवल तात्कालिक प्रतिक्रिया का माध्यभ बन जाना चाहिए। युग बोध के साथ काव्य-संवेदना के कालजयी स्वरूप की रक्षा की जानी चाहिए, किन्तु हर कविता को श्रेष्ठता उसके कालजयी होने में ही आँकी जाए, यह भी उचित नहीं। यूँ जिस तीव्र गति से मूल्य, नैतिकता एवं जीवन बोध परिवर्तित हो रहे हैं, वहाँ कविता ही क्या संवेदनाओं के भी कालजयी होने पर भी प्रश्न उठाए जा सकते हैं।

इस संग्रह की कविताओं में लड़की के मोटरसाइकिल चलाने से लेकर मोबाइल, सेज, उपभोक्तावाद व बाजारवाद आदि ऐसे अनेक सवाल हैं जो भविष्य में दिनचर्या का अंग बन जाने के कारण बेमानी सिद्ध हो सकते हैं। इनका महत्त्व सामयिक है, किन्तु दीर्घजीवी नहीं। कुछ कविताएँ आन्दोलनों के प्रभाव में उपजी हैं। इन कविताओं में सामाजिक आन्दोलनों से जुड़ाव और

उनसे प्राप्त अनुभवों की खास भूमिका है। हम जमीन पर उतरकर ही जमीन के अहसास को पढ़ सकते हैं। इस प्रक्रिया में कविता रचते हुए वह पाठक मुझ पर सदैव हावी रहा है, जिसकी संवेदना की अभिव्यक्ति के लिए कविता रची जा रही है। मुझे लगता है कि आम व्यक्ति के जीवन-संघर्ष पर रची जा रही कविता को उसके बोध के स्तर पर ले जाकर ही हम स्थितियों में परिवर्तन का मार्ग सुगम बना सकते हैं।

संग्रह के खंड 'उम्र का चालीसवाँ' में सम्मिलित रचनाएँ एक विशेष आयु बोध से रचित कविताएँ हैं। चालीस की उम्र हमारे युवा कहलाते रहने की आकांक्षा को चुनौती देते हुए सामूहिक सामाजिक प्रतिरोध के रूप में हमारे जीवन में आती है। भावुकता से उबरकर जहाँ एक ओर हम समाज को अधिक स्पष्टता के साथ देख रहे होते हैं वहीं अपने आपको अनुभवी व उम्रदार नहीं दिखने व कहलाने की चेष्टा भी कर रहे होते हैं। उम्र के इस नव संक्रमण काल में रचित ये कविताएँ नितान्त निजी जीवन से लेकर सामाजिक स्तर तक बदलते रिश्तों के प्रति प्रतिक्रिया हैं। इन कविताओं में कई विशुद्ध हास्य बोध की रचनाएँ भी हैं। इन्हें संग्रह में सम्मिलित करने के पीछे मेरी सोच यह है कि हास्य को केवल मंचीय कवियों की जुमलेबाजी के लिए छोड़ दिया जाना हास्य बोध के साथ अन्याय है। एक समय था जब शिक्षित परिवारों में कविताओं के प्रति एक गहरा आकर्षण था। यह आकर्षण कविता की रोचकता व हास्य बोध से उत्पन्न होता था। धीरे-धीरे कविता जिस तरह गम्भीरता व प्रौढ़ता का आवरण ओढ़ती चली गई और सामान्य शिक्षित वर्ग कविता से दूर होता चला गया। इस व्यापक वर्ग को आज की कविता से जोड़ने का प्रयास ये कविताएँ करती हैं।

मुझे आशा है यह संग्रह पाठकों को पसन्द आएगा। सुधी पाठकों की प्रतिक्रियाएँ मेरा मार्गदर्शन करेंगी।

**—अनन्त भटनागर**

# अनुक्रम

# वह लड़की जो मोटरसाइकिल चलाती है

## वह लड़की जो मोटरसाइकिल चलाती है

सँकड़ी सड़कों पर
दाएँ-बाएँ
आजू-बाजू से काट
वाहनों की भीड़ में
अक्सर
सबसे आगे
निकल जाती है
वह लड़की
जो
मोटरसाइकिल
चलाती है।

सोचता हूँ
जब लड़कियों के लिए
दुनिया में
वाहन चलाने के
अनेकानेक
सुन्दर व कोमल
विकल्प मौजूद हैं
तब भी आखिर
वह लड़की

मोटरसाइकिल ही
क्यों चलाती है?

कभी लगता है कि
यह उसके भाई ने
खरीदी होगी
और वह
छोड़ गया होगा
घर परिवार
या फिर
हो सकता है
यह उसके पिता की
अन्तिम निशानी हो
और,
बेचना उसे
नहीं हो
स्वीकार।

हो सकता है
वह लड़की
एक्टिविस्ट हो
और मर्दों की दुनिया
के अभेद्य दुर्ग को
सुनाना चाहती हो
अपनी ललकार।

कभी-कभी
सोचने लगता हूँ
क्या करती होगी
वह लड़की

जब कभी जाती होगी
अपने बॉयफ्रेंड के साथ
मोटरसाइकिल पर
पीछे बैठकर।

क्या
बलखाती/मुस्काती
लतिका सी पुलकित
सिमट जाती होगी
अपने हर अंग में
हर वांछित/अवांछित
ब्रेक पर
या झुँझलाती/झल्लाती
रहती होगी
उसकी
धीमी रफ्तार पर।

अवसरों की वर्षा में
दिनोदिन
घुलती दुनिया में
जल, थल, वायु
के भेद भुलाकर
जब लड़कियाँ
चलाने लगी हैं
रेल, जहाज,
हवाई जहाज
एक लड़की
के मोटरसाइकिल
चलाने पर इतना
सोच-विचार

आपको बेमानी लग
सकता है।

मगर,
इन दकियानूसी सवालों
की गर्द
आप हटाएँ
इससे पहले ही
पूछ लेना चाहता हूँ
एक सवाल।

क्या
आप नहीं चौंके थे
उस दिन
जब आपने
पहली बार किसी
एक लड़की को
मोटरसाइकिल चलाते
हुए देखा था?

विरासत में मिले
हजारों साल पुराने
खजाने को
मस्तिष्क में समेटते हुए
क्या आपको नहीं लगता
कि
आकाश-पाताल को
पाटने से
कठिन होता है
सोच की खाइयों को

भर पाना।
जल थल
भेदने से
कठिन होता है
जड़ तन्तुओं को
सिल पाना।
हाथ पैर
काटने से
कठिन होता है
सड़े घावों
को चीर पाना।

इसलिए
उस लड़की के
सामने से गुजरते हुए
सोचता हूँ अक्सर
क्या शादी के बाद भी
चला पाएगी वह
मोटरसाइकिल
क्या बदल पाएगी
वह
वक्त के पहिये की
रफ्तार
क्या
वह आगे बैठी होगी
और पति
होगा
पीछे सवार?

## हम भी मनाएँगे नया साल

नए साल की नई सुबह
मालकिन ने दिए हैं
सालों से बक्से में बन्द
पुरानी साड़ियाँ और
रोएँदार स्वेटर।

बच्चों के लिए भी दिए हैं
बच्चों के मन से उतर
चुके बिलकुल साबुत व
मजबूत जूते
इस्तरी किए हुए कपड़े
और कुछ ठीक
कुछ नकचढ़े खिलौने।

पुराना ही नहीं दिया है
सबकुछ
नया का नया
दिया है नाइट गाउन
कल ही खरीदा था जिसे
और मालिक को नहीं
आया था उसका
रंग पसन्द।

नए साल की नई सुबह
मरद को भी मिली है
रात की बाकी आधा
बोतल रम/खुरदरी जींस
और बड़ी बक्सीस।

नए साल की नई शाम
हमारे घर में
होगी खास
बच्चे खेलेंगे
खिलखिलाएँगे खिलौनों
से/मैं गाऊँगी कजरारे
वाला गीत
मरद पहनेगा
जींस
और सिर पर
हैट लगाकर
उतारेगा
साहब की नकल।

ठीक हुआ मूड
अगर ठेकेदार का
तो माँग लाएँगे
उससे मोटरसाइकिल
उधार
घुमाने ले जाएँगे
बच्चों को दिखला देंगे
हाट-बाजार।

नए साल की नई शाम
घर में खाना नहीं

पकाएँगे हम
यूँ तो पड़ी है
सुबह को मिली
कल रात की बची
रोटियाँ और ढेर सारा
गोश्त
लेकिन वो भी
नहीं खाएँगे हम
डाल देंगे सब
गली के बाहर
कुत्ते को।

नए साल की नई शाम
कलुआ के ढाबे पर
खाएँगे खाना
आखिरी शो में
देखेंगे पिक्चर
घर लौटते ही
बच्चों के
सो जाने के बाद
पहनूँगी नाइट-गाऊन।

नए साल का
स्वागत कर
रात भर जागी/झूमी/
नाची/गाई दुनिया जब
सो रही होगी
थक-हार तब
नए साल की नई शाम
हम भी मनाएँगे
नया साल।

## मोबाइल फोन–1

न जाने
मेरे अन्तस की
किस गहराई में
दबी पड़ी थी
वह
आदिम चाहत।

जिसके लिए
अनेक राजाओं ने
अश्वमेध रचाए
और यज्ञ
की पुण्य–भू पर
किया
रक्त–स्नान।

वह चाहत
जिसके लिए
अनेक योद्धा
देश छोड़ चले
और फिर कभी न लौट
सके
अपने घर–द्वार।

वह चाहत
जिसके लिए
सदियों से कटते रहे सर
बहती रही
खून की नदियाँ
और बढ़ती रही
विधवाओं व अनाथों की
आबादी।

वह चाहत
मेरे मन की गहराई में
भी बसी हुई थी
यकीनन
दुनिया को
मुट्ठी में करने की
चाहत में
मैंने खरीद लिया है
मोबाइल फोन।

## मोबाइल फोन-2

अब नहीं रहा
वह समय/कि
लड़कियाँ भेजे
सन्देश
कबूतरों के हाथ
और/करती रहें
जवाब की
अनवरत प्रतीक्षा।

अब नहीं रहा
वह समय/कि
लड़कियाँ जागें
रात-रात
और छिपकर
रेशमी कपड़ों पर
सिल दें
कोई एक नाम।

अब नहीं रहा
वह समय/कि
लड़कियाँ लिखें
कविताएँ

और/गुनगुनाती
इठलाती
गुजार दें
सुबह–शाम।

प्रेम जैसी
सरल चीज के लिए
इतनी कठिनाई
सहने का
समय नहीं है यह।

प्रेम के लिए
अब उपलब्ध है
एक मोबाइल दुनिया
मोबाइल दुनिया
जहाँ
हर वक्त/हर जगह
किया जा सकता है
प्रेम
जहाँ हर क्षण
पलटी जा सकती है
प्रेमियों से
मनुहार
जहाँ हर रोज
बदले जा सकते हैं
प्रेमी।

मोबाइल दुनिया में
प्रेम के लिए
शब्द ही नहीं

सम्पूर्ण शब्दावली है
प्रेम के लिए
क्षणिक चित्र नहीं
गतिक दृश्यावली है
कविता ही नहीं
गीत है, स्वर है
ध्वनि गत्यावली है।

इस गतिशील दुनिया में
प्रेम के लिए
लम्बी तपस्या/गहन
साधना करते रहने
का समय नहीं है
अब किसी के पास
इतने अन्तराल में तो
किए जा सकते हैं
अनेकानेक प्रेम
एक के बाद एक
या फिर
एक साथ।

मोबाइल फोन
ने कर दिया है
प्रेम करना
बहुत आसान।

सचमुच!
प्रेम की अनुपस्थिति में ही
होता है
प्रेम करना
बहुत आसान।

## मोबाइल फोन-3

सोचता हूँ
पत्नी को इस बार
जन्मदिन पर
दिलवा ही दूँ
मोबाइल फोन।

इसलिए नहीं कि
उसकी जरूरतों का
बदल रहा है
संसार।

इसलिए नहीं कि
आ सकेगी इससे
उसके स्थिर जीवन में
गति।

इसलिए भी नहीं कि
कृपण पतियों की
श्रेणी से
मैं/आना चाहता हूँ
बाहर।

सिर्फ इसलिए कि
पिछले जन्मदिन पर
उसने मुझे दिलवाया था
मोबाइल फोन
और
उसे
नीले पट्टे के साथ
गले में लटका
कर ज्यूँ निकला था
घर के बाहर
पत्नी की आँखों में
मेरा
एक नया और जवाँ
अक्स उभरा था।

इसीलिए
चाहता हूँ
पत्नी को इस बार
जन्मदिन पर
दिलवा ही दूँ
मोबाइल फोन।

## मोबाइल फोन–4

कुछ दिन पहले
बढ़ई लेकर आया था
मोबाइल फोन।

रद्‌दी वाले के पास
भी देखा था
एक दिन।

रिक्शे वाले की जेब
से अक्सर
सुनाई देती है
एक खास रिंगटोन।

माली ने भेजा था
एक दिन
घर नहीं आने का
एस.एम.एस.

कल सब्जी वाली भी
लेकर आई थी
मुझे लगता है
महरी भी

खरीद लेगी
एक न एक दिन।

हे प्रभु!
यह क्या कर रहे हो?
क्यूँ बना रहे हो तुम
मेरी जेब के
वैभव को इतिहास
क्यूँ मिटा रहे हो तुम
मेरा भीड़ में भीड़ से
अलग होने का अहसास।

हे प्रभु!
ये तुमने
कैसा पढ़ लिया है
मार्क्सवाद?

## बसन्त-1

नए पत्ते
छा जाने को
हैं आतुर
मगर,
पुरानों ने
नहीं
झड़ने की
ली है
ठान।

पतझड़
के आए बिन
कैसे आएगा
बसन्त।

## बसन्त–2

सीमेंट
के जंगल में
पेड़ ढूँढ़ रहे हैं
हमजोलियों के
घर।

साथियों
के संग बिन
कैसे मनाएँगे
बसन्त।

## बसन्त–3

किताबों में
पढ़कर
बच्चे खोज रहे हैं
इंटरनेट पर।

गन्ध से
परिचय बिन
कैसे जान पाएँगे
बसन्त।

## बसन्त–4

जीवन की खटराग में
न जाने किस
मोड़ पर
भूल आए हैं
राग।

सुर की संगत
बिन
कैसे गाएँगे
बसन्त।

## बसन्त-5

स्मृति के गहन
सरोवर में
सुरक्षित हैं
अब भी
कुछ
नवल गन्ध, रंग-रूप
नवल राग

सुधियों के पीत जल में
अंजुरी डाल
हम तुम
नहाएँगे
बसन्त।

## महात्माजी-1

महलों की
आभा बरसाता
बना है
भव्य पांडाल।

तख़्तों की
अट्टालिका पर
सजा है
दिव्य सिंहासन
ऊँचे मंच पर
बैठकर / देंगे
महात्माजी
प्रवचन
नीचे बैठे
भक्तगण सुनकर
होंगे प्रसन्न

महात्माजी
गाएँगे
मधुर
वाणी में
मीठे-मीठे भजन

मुदित जन
दोहराएँगे
मदिर–मदिर स्वर में
होकर मगन।

भूल जाएँगे
भक्त रोग, शोक,
कष्ट और भय
मिट जाएँगे
दुख, चिन्ता और संशय
भक्ति की नैया तैरेगी
निर्विघ्न/डूब जाएँगे
रोजी और रोटी के
प्रश्न।

## महात्माजी-2

महात्माजी
खाते नहीं हैं
अन्न
वस्त्र धारण नहीं करते
खुला ही रखते हैं
तन-बदन
वर्षों पहले त्याग चुके हैं
गृहस्थ जीवन।

तुम्हारे जैसे नहीं हैं वह
पदार्थ-अपदार्थ के लिए
ललचाता नहीं है
उनका मन।

पेट भरने के लिए
खा लेते हैं
सूखी मेवा
शिष्यों ने करवा दिया है
आश्रम
वातानुकूलन

शिष्याएँ चंचल हैं
करती हैं
अविचल सम्पूर्ण सेवा

महात्माजी
परम त्यागी हैं।

## महात्माजी-3

महात्माजी
रहते हैं
विदेशों में
अधिकतर
उनकी सैकड़ों
चमचमाती कारें हैं
हजारों बीघा में बसे
हैं आश्रम
लाखों शिष्य हैं
करोड़ों का मिलता है
उन्हें दान।

महात्माजी की
माया अपरम्पार है।

## महात्माजी-4

महात्माजी
को नहीं है किसी
का भेद।

अफसर/तस्कर
व्यपारी/चोर/लुटेरे
जुआरी
धोखेबाज/जालसाज
कालाबाजारी

नेता जीते हुए
नेता हारे हुए
नेता सरकारी
अमचे-चमचे
और दरबारी
सभी करते हैं
उनका सम्मान
महात्माजी
की दृष्टि में
सभी हैं समान।

महात्माजी समदर्शी हैं।

## महात्माजी-5

महात्माजी
का नहीं है
कोई इतिहास।

व्यर्थ है
खोजना अतीत के
सूत्र अति गोपन
लगाना
विगत के
पण्य और पुण्य
का अनुमान।

महात्मा के लिए
क्या भूत
क्या भविष्य
क्या वर्तमान।

महात्माजी
कालकूट से परे हैं।

## कविता मौन है

कुछ लोग कहते हैं
इसको गाने से
टूट जाएगा उनका
धरम।

कुछ लोग कहते हैं
इसको न गाने से
रूठ जाएगी उनकी
मातरम।

कुछ लोग इसे
न गाने के लिए जड़ हैं
कुछ लोग इसे
गवाने
के लिए दृढ़ हैं।

जड़ता और दृढ़ता
के इस बंकिम समय में
संवेदनाएँ गौण हैं
शीर्षक कर रहा है
शीर्षासन
शब्द/कविता
सब मौन हैं।

# चिट्ठियाँ

चिट्ठियाँ
कहाँ आती हैं
अब घर आप के
महज आते हैं
कुछ सन्देश
कुछ जरूरी सवाल
या फिर
तलबी-मतलबी
किताब।

रोज आने वाला
पोस्टमैन सत प्रकाश
जानता है
बन्द लिफाफों के सत्त
खोलता नहीं है कोई खत
मगर
सब बाँचता है।

## सेज का मायावी संसार

हम रचेंगे
एक मायावी संसार।
चाँद और सूरज की
तरह रोशनी लुका-छिपी
नहीं खेलेगी जहाँ
कुछ नहीं रुकेगा जिसमें
सब-कुछ
हर-कोई
हरदम
चलता रहेगा
या फिर
सिर्फ दौड़ेगा
दौड़गा, दौड़ेगा
और दौड़ता रहेगा
अविरत/निरन्तर/लगातार

हर आदमी
यंत्र होगा यहाँ
और यंत्र
नापा करेंगे
आदमी की रफ्तार।

---

(सेज-SEZ—स्पेशल इकोनोमिक जोन)

चाँद से भी ज्यादा
रोशन इस दुनिया में
चमकते/दमकते/दहकते
जुगनुओं के बीच
हम रुपयों की रुपहली
चादर बिछाकर
सजाएँगे
सुखों की सेज।

किसानो!
समझो जरा,
सौंप दो,
अपनी हरियाली माता
का हाथ,
हमारे हाथों में
हम तुम्हारे हाथ
हरे-हरे नोटों से
भर देंगे।

मजदूरो!
मान भी जाओ,
झुका दो ये
तनी मुट्ठियाँ
हम तुम्हारी दुनिया
चुटकियों में बदल देंगे।

लेखको!
मत लिखो कुछ भी
तुम्हारी लेखनी
अनमोल है
हम तुम्हें

नहीं लिखने का
पूरा मोल देंगे।

चिन्तको!
मत चिन्ता करो
चिन्तन के लिए
सुलभ कराएँगे तुम्हें
भाषणों व संगोष्ठियों के
सुविधा-सम्पन्न साज।

एक्टिविस्टो!
तुम भी
ट्विस्ट करो
हमारी तान पर
हम तुम्हें
प्रतिष्ठा/सम्मान देंगे।

ये क्या?
ये क्या माँग रहे हो तुम!
लोकतंत्र!
स्वतंत्रता!
समानता!
न्याय!
अधिकार!

अरे, नादानो!
हम तुम्हारी
पथरीली पगडंडियों को
चिकनी व सपाट बनाना
चाहते हैं।
और तुम!

सपनीली राहों में,
लोकतंत्र/स्वतंत्रता,
समानता/न्याय,
अधिकार की
चट्टानें बिछा रहे हो?

देखो!
सुनो/समझो और
मान जाओ।
हटा लो ये चट्टानें,
हमारे क्रूर क्रेशर
उन्हें,
पल में कुचल
डालेंगे
हमें चलाने
ही होंगे ये बड़े-बड़े
बुलडोजर
तुम्हारी देह-धरती पर।

मत करना
किसी सरकार
का इन्तजार
सरकार
हमारे साथ आएगी
बिछाने को
इन रोड़ियों पर कोलतार।

हम रचेंगे, रचेंगे
और रचकर ही रहेंगे
सेज का मायावी संसार।

## बाजार खुला है

शीशे के चमचमाते
दरवाजों के भीतर
दुकानें बन्द हैं
मगर
इन बन्द दुकानों
के ही अन्दर
बाजार खुला है।

दरवाजों पर
चिपके
'पुश' और 'पुल'
के चिन्ह को
ध्यान से चीन्हते हुए
सँभलकर करना
भीतर प्रवेश।

हौले-हौले
कदम बढ़ाना
सभ्य दुनिया की
सम्भ्रान्त टाइल्स पर
कहीं लड़खड़ा न जाएँ

तुम्हारे खुरदरे
असभ्य पैर।

देखो!
फिसल मत जाना
सेल्स गर्ल की चिकनी
मुस्कान पर,
यह सिर्फ तुम्हारे लिए नहीं है
यह जलघड़ी की तरह
घटती-भरती रहती है
लगातार।

यह खुला बाजार है
यहाँ तलाशने मत लग जाना
खुली हल्दी का रंग
खुली हींग की गन्ध
या
खुला गुड़ माँगकर
मत लगाना
नए-पुराने होने का
अन्दाज।

ठोस ही नहीं है
यहाँ बन्द
तरलता भी यहाँ
कैद है।

भूलकर भी नहीं करना
वस्तुओं के मोल-भाव
यहाँ किसी चीज का

कहा नहीं जाता है मोल
यहाँ हर चीज पर
चिपके होते हैं भाव,
और भाव पूछने वालों
को कोई नहीं देता है भाव।

दाम
ठीक लगें न लगें
कुछ-न-कुछ
खरीदना जरूर
आखिर इतने बड़े बाजार से
खाली हाथ
बाहर आते हुए
क्या तुम्हें
नहीं आएगी
शर्म।

पेमेंट काउंटर पर
खड़े होकर
घबराना नहीं
कम्प्यूटर
तुरन्त निकाल देगा बिल
पेमेंट करते हुए
चेहरे पर लाना
ठीक वैसी ही मुस्कान
जो तुम्हारे प्रवेश करते हुए
सेल्स गर्ल के चेहरे
पर आई थी।

दुकान के बाहर निकलकर भी
बचाए रखना
वैसी ही खुली मुस्कान
वैसा ही रखना खुला दिल।

सिर्फ
दुकान के भीतर ही नहीं
दुकान के बाहर भी
खुला बाजार है
दुकानें हैं बन्द
मगर बाजार खुला है।

## औरत एक सवाल है

धरती पर उसके
जमते कदम
बढ़ती गति
और
पंखिल परवान
जिनके लिए सवाल है
उन सबके लिए
औरत एक सवाल है।

उसकी खिलखिलाहट
चहकती हँसी
महकती मुस्कान
उसकी खिलती आँख
खुलती हुई वाक्
दिन-पर-दिन
ऊँची उठती नाक
उसके कपड़ों की नाप
कर्मों की छाप
कदमों की थाप।

उसकी आस
उसके अहसास
खुद पर बढ़ता

विश्वास
जिनके लिए सवाल है
उन सबके लिए
औरत एक सवाल है।

युग-युग से
मानस की कुन्द कारा में
द्रोपदी के केश
सीता का पुनर्प्रवेश
अहिल्या निर्निमेष
गार्गी के प्रश्न
माँडवी का मन
और
मीरा का नर्तन
माधवी का मोल
गांधारी की कौल
और
उर्मिला का अनबोल
जिनके लिए सवाल है
उन सबके लिए
औरत एक सवाल है।

आदिम इच्छाओं के तले
कुचलते आए हैं जो सपनों को
वे ही किया करते हैं
सवाल
औरत को लेकर
वे ही दिया करते हैं
जवाब
अपने चेहरे बदलकर।

सिर्फ इन चेहरों से
पर्दा उठने तक
सिर्फ इन चेहरों के
गूँगा होने तक
सिर्फ इन चेहरों के
गुमनाम होने तक
औरत एक सवाल है।

## मैं जिन्दा रहूँगी

मैं जिन्दा रहूँगी
तुम्हारी आँखों में
पीर के पोरों को
देते हुए करुण
जल।

मैं जिन्दा रहूँगी
तुम्हारी मुट्ठियों में
संघर्ष की आँच को
देते हुए प्राण
वायु।

मैं जिन्दा रहूँगी
तुम्हारी शिराओं में
प्रतिरोध के प्रवाह को
देते हुए प्रचंड
अग्नि।

मैं जिन्दा रहूँगी
तुम्हारी पगतलियों में
कदमों की थाप को
देते हुए दृढ़
धरती।

मैं जिन्दा रहूँगी
तुम्हारी चेतना में
सोच के सींखचों को
देते हुए उन्मुक्त
आकाश।

न्यौछावर कर
जल, वायु, अग्नि
धरती, आकाश
रचित
यह देह

मैं जिन्दा रहूँगी
फिर भी
पंच तत्त्वों में
मुझे
जिन्दा रखोगे
तुम!

(निर्भया के प्रति)

## ईश्वर की खोज

सत्ता से
आतंकित लोग
खोजने निकले थे
ईश्वर।

ईश्वर
की खोज में
यात्रा/यातना
सहकर
वो ढूँढ़कर लाए
धर्म।

धर्म
के धारण हेतु
रची गईं
नई–नई
संहिताएँ।

संहिताओं
के पालन के लिए
बुलवाए गए
धर्मरक्षक।

धर्मरक्षकों
की सुविधा के लिए
साथ खड़ी थी
सत्ता।

सत्ता की संगत में
धर्म के मर्म से
अनभिज्ञ
धर्मरक्षक
निकल पड़े हैं
निर्मम सत्ता
पाने के
अभियान में।

सत्ता से
आतंकित लोग
फिर से
खोज रहे हैं
ईश्वर।

## सुकून भरी नींद

इस कठिन समय में
चैन से सोते हुए
लोगों को देख
संघर्ष सिरहाने रख
मैं भी चाहने लगा हूँ
सुकून भरी नींद।

मगर,
फूल से खिले
तकिये पर
सिर का भार रखते ही
कोमल सेमल
की आहें
गूँजने लगती हैं
और मस्तिष्क में
उमड़ आती है
सदियों से दबती/घुटती
स्त्रियों की कराहें
याद।

सभ्यता की शैया पर
करवटें बदलते हुए

मासूम चूलों की चरमराहट
बन जाती है
असंख्य मजदूरों की
कुलबुलाती
आवाज।

मन की मुट्ठियों में
दौड़ पड़ता है
फिर से
लड़ने का जोश।

पलकों को
चरम सीमाओं तक
बाँधे रखने के प्रयास में
जब नींद देने लगती है
अपने होने का आभास
लाल सपनों की
चिंगारियों से
रोशन
हो उठती है
आँख।

जब जागता हो
मस्तिष्क
तन के खड़ी हों
मन की मुट्ठियाँ
आँखें रोशन हों
लाल चिंगारियों से
कैसे
रखा जा सकता है

संघर्ष को सिरहाने
कैसे
आ सकती है
सुकून भरी नींद।

## दुनिया सुरक्षित है

अदृश्य मंजिल
पाने के लिए
लोग
लगा रहे हैं दौड़
जीत-हार की
जुम्बिश
रच रही है
कोलाहल
प्रार्थनाघरों में उमड़
आई है
न जाने कहाँ से
इतनी भीड़
शान्ति की आस में
बरस रहा है शोर।

दिन पर दिन
ऊँची होती इन
आवाजों के शोरगुल में
कुछ लोग
सुन रहे हैं
कविताएँ।

निस्पन्द चेहरों पर
चस्पा हैं
प्रेम/करुणा/मैत्री जैसे
कुछ शब्द
अज्ञात रचयिता ने
पलट दी है
जीवन की व्याकरण
अर्थ रच रहा है
सम्बन्धों के
नव-समीकरण।

भावों की इस
नव भंगिमा से
अविचलित
कुछ लोग अब भी
पढ़ रहे हैं
कविताएँ।

क्रूरता
पढ़ रही है
विध्वंस के
नवीन मंत्र
यंत्र
रच रहे हैं
सृजन के विरुद्ध
षड्यंत्र।

धरती ने खो दिया है
प्रसव का धीरज
युवतियों को

नहीं है अब
मातृत्व स्वीकार।

सृजनशील
सम्भावनाओं के
नक्कारखाने में
निश्चिन्त
कुछ लोग अब भी
रच रहे हैं
कविताएँ।

जीवन मिटा नहीं है
धरती से
दुनिया
अब भी
सुरक्षित है।

# उम्र का चालीसवाँ

## शुक्र है

बाल खुशनसीब हैं
अब तक साथ निभा रही है
हिना।

अपनी उम्र को
उम्र में मिलाते हुए
उसने भी गुजार दी है
एक लम्बी उम्र।

डर है कि कुछ
भूरे-भूरे विभीषण
असलियत
बताने लगे हैं।

शुक्र है
पतझड़
अभी बहुत दूर है।

## आँखें

उम्र की चकाचौंध से
आँखें पड़ने लगी हैं
कमजोर।

देखो!
इन आँखों से
ये दुनिया
कितनी
साफ-साफ
दिखाई देने लगी है।

## चेहरा

चेहरे पर
उभर आई हैं
कुछ
जिद्दी सलवटें।

कोई
इस्तरी/स्त्री
अब शायद ही
मिटा पाएगी।

## खिचड़ी

मन की धरती
उजली थी
तब उगती थीं
चेहरे पर फसलें
काली।

पाकर खाद
चतुराई की
उम्र से
उगने लगी हैं
दाढ़ी में रेखाएँ
उजियारी।

आदर्शों के भोलेपन
और समझौतों के
चतुर समय में
अगर
छिपाना चाहते हो
जमाने से यह
खिचड़ी
गुप्त रखने हों
उजले मन और कालेपन के

तीव्र भेद
बेहतर है
रहा करो
क्लीन शेव।

## समझदारी

शब्द वही हैं
अर्थों ने
बदली है
तरफदारी।

संघर्ष
का अर्थ
अब सनक
समझौते
का अर्थ है
समझदारी।

## ऊँचे कद

सपनों सा चाहा
प्रतिमा में ढाल
अन्तर में
बिठलाया
जिन्हें।

वो ऊँचे-ऊँचे कद
किस
कदर बौने
निकले।

समझते रहे
उन्हें
इक उम्र तक
बाजीगर
वो तो खुद
खिलौने निकले।

## पेंडुलम

अल सुबह दौड़ते
उन युवाओं की
रफ्तार
के साथ
मैं भी
मिलाना चाहता हूँ
अपनी
रफ्तार।

वो रोजाना
आगे
निकल जाते हैं।

पार्क की बेंच पर
बैठे बुजुर्ग
चाहते हैं
मैं भी हुआ करूँ
उनकी चर्चाओं में शामिल।

व्यस्तता के असंख्य नामों
की दुहाई देकर
मैं रुकता नहीं हूँ।

खोजता हूँ
अपने हमउम्रों को
मगर
वे भी कहाँ हो पाते हैं
स्थिर।

दोनों ध्रुवों के बीच
डोलते हुए
एक छोर को छू पाने में
असफल
और
दूसरे पर रुक पाने को
अनिच्छुक।

## अनामिका अंकल!

हँसी की
हजारों वॉट
बरसाकर
धीरे से
उसने रख लिया
अपनी जींस की
पिछली पॉकेट में
सेलफोन।

फिर लेपटॉप के
दोनों पंखों को फैलाकर
उड़ने लगी असीम
आकाश में।

एयरपोर्ट के
वेटिंग लाऊंज में
मित्रता के तमाम
पर्यायवाचियों को
दुहराते हुए
मैंने उससे पूछा था
उसका नाम।

मित्रता की तमाम
सम्भावनाओं को खारिज
करते हुए
उसने कहा—
अनामिका, अंकल!

## काँप रहा है मन

देहरी पर
रखते हुए
बाहर
काँपता है
जैसे दिया
काँप रहा है मन
मीत तुम्हें
स्कूल को सौंपते हुए।

फूल/तुम
घबरा ना जाना
अजनबी पंखुरियों के साथ
डरना मत
स्कूल की अनजानी
हवाओं से
न होना बेचैन
क्लासरूम की
अपरिचित गंध से।

डर रहा हूँ मैं
कहीं टीचर के
रंगबिरंगी सूट में तुम्हें

दिखने न लगे गुब्बारे
बच्चों की खिलखिलाहट से
याद न आ जाएँ
तुम्हें अपने
खासमखास खिलौने।

कुछ कहना चाहो
तुम
और न कह पाने की
जुम्बिश में
फूट न पड़े
रूलाई।

रोशन
जिन्दगी की आस में
दीप तुम्हें
सौंप रहा हूँ
दुनिया को

काँप रहा है मन।

## प्यास है या

पत्तों से टकराती
पत्तियों की सिहरन
बाँहों सी डालियों में
झूलती
बाँहों की डालियाँ
तने से टकराती
तने की
फिसलन।

सृजन से
आशंकित रहती है
अब
सृजन की
सम्भावना।

मन क्या जानेगा
देह की परिभाषा
यह प्यास है
या
पीते रहने की
अभिलाषा।

## शब्द अनुपस्थित

कुछ कहती नहीं हो
तुम
फिर भी
भीतर तक
आती हैं
तुम्हारी आवाज।

गीत कोई गाती
नहीं हो तुम
फिर भी
रहता है
संगीत का अहसास।

तुम्हारी
आँखों से बोल फूटते हैं
पलकों से शब्द झरते हैं
भवें तक
किया करती हैं
मुझसे बात।

तुम्हारी
होंठों की तरंग

भृकुटि चढ़न
नासिका-नर्तन
ये भी तो
शब्द ही हैं
कितना सुन्दर
करते हैं संवाद

तुम्हारी अँगुलियों के पोर
हाथों की दाब
मद्धिम पदचाप
यही बतला
देते हैं कि
तुम खुश हो
या हो
आज उदास।

साथ मिलकर हमने
यह कौन-सी भाषा रची है
यह कौन-सा व्याकरण बुना है
है यह कैसा छन्द
शब्द
अनुपस्थित जिसमें
कैसी अद्‌भुत
यह रचना है।

आओ!
इस गीत को
कानों से पीएँ
आओ!
इस कविता को
आँखों से जिए।

## अच्छा है

अच्छा है
अब नहीं रहा
वह उद्दाम वेग
नदी
कुछ थमने लगी है।

निखरेगा अब
रूप
तट का
धरती पाएगी
आकार।

फसलें गाएँगी
हरियाली के गीत
पंछी पाएँगे
सपनों की उड़ान
पेड़ों के कोटर में
बस जाएँगे गाँव
इच्छाओं की झिलमिल में
मछलियाँ नहाएँगी
निर्वसन
शाम ढले

लौट आएँगे नाविक
करने तट का
शृंगार।

अच्छा है
नहीं रही
नदी में त्वरा
अब नहीं है
किसी बाढ़ का खतरा।

## चीनी कम-नमक-कम

चीनी लोगे कम
तो
डायबिटीज
से
बच जाओगे
बचना है
ब्लड प्रेशर से तो
नमक भी कर दो
कम।

बेहतर ही होगा
अब छोड़ ही दो
चिकनाई।

डॉक्टर साहब!
वैसे भी
अब कहाँ
रही चीनी?
चेहरे पर कहाँ
बचा है
नमक?

क्या आपको दीख रही है
कहीं
चिकनाई ?

## क्यूँ

क्यूँ
चलाने लगे हो
आजकल
इतनी
तेज बाईक?
पत्नी ने रोका था।

क्यूँ
पसन्द आने लगे हैं
कलर्स
इतने ब्राइट?
पत्नी ने टोका था।

क्यूँ
खरीद रहे हो
जींस इतनी टाईट?
पत्नी ने पुनः टोका था।

इतनी पुरानी
दोस्त के लिए
इतनी महँगी
गिफ्ट?
पत्नी ने रोका था।

रोकने व टोकने की
सनातन
दाम्पत्य परम्परा में
यही
पहला मौका था
पत्नी के इन तमाम सवालों पर
मैं खुद भी चौंका था।

## कैक्टस

मेहनत कर
लगाते गए फूल
खिले, मिले, हिले
और
झड़ गए।

कोशिश कर
पाईं लताएँ
चहकी, महकी, बहकी
और सिमट गईं।

अनायास ही उग आया था
कैक्टस
चुप, खुश, सन्तुष्ट
अब तक साथ है।

## एक दिन

एक दिन
मैंने ही थमाई थी
तुम्हारे
कोमल हाथों में
डोर।

तुमने
चकरी थामी थी
और
दूर गगन तक
उड़ चली थी
पतंग।

आकाश को नापने की
तुम्हारी हर अभिलाषा से
साँसों की चकरी पर
खिल-खिल
लिपट आई थी
उमंग।

अनन्त को चूमती
हर पतंग में

तुम्हारे
चेहरे को निहारते हुए
एकाकी अभिशप्त हूँ
चकरी थामे रखने को
डरता हूँ
कहीं टूट न जाए डोर।

## सपना कहकर

सपना कहकर
बोया था तुम्हें
उगने पर
संघर्ष नाम दिया।

पौधा भर
नहीं हो तुम
बीज भी हो
पलोगे/फलोगे
बरसोगे
जब धरती पर
उम्मीद की
नई फसलें
उग आएँगी
तुम ही रचोगे स्वर्ग
तुमसे
खुशियाँ लहलहाएँगी।

## याद आने लगे हैं

याद
आने लगे हैं—
वो मित्र
जो अक्सर
रहते थे
साथ में।

वो पत्र
जो
लिखे थे कभी
ख्वाब में
वो तितलियाँ
रंगीन जो
छिपाई थीं
किसी किताब में।

वो सुर
जो, कभी
सध गए थे
राग में
वो फल जो
चखे थे

किसी सूने
बाग में।

न जाने क्यूँ
भाने लगे वो पल
जो कभी थे
बेहद अपने
न जाने क्यूँ आने
लगे हैं
नई नींद में
पुराने सपने।

## बहुत दिनों के बाद

बहुत दिनों
के बाद उसका
फोन आया है,
शायद कोई काम
होगा।

बहुत दिनों के बाद
वह
घर आया है
यकीनन कोई काम होगा।

बहुत दिनों के बाद
वह
पत्नी के संग आया है
यकीनन बेहद
जरूरी काम होगा।

सोचो मत
स्वागत करो
वह दोस्त है
नहीं कोई
पराया है।

सम्बन्धों की वल्लरी
को यह नव पाठ
तरू ने
सिखलाया है
साध सको
वही साथी अपना
नहीं तो हर कोई
पराया है।

## दोस्तों के घर वही हैं

वही रास्ते
वही गलियाँ हैं
वही दरवाजे
वही खिड़कियाँ हैं
दोस्तों के घर
वहीं हैं
दोस्तों के घर
वही हैं
दोस्तो से मिलना
मगर/अब नहीं
है आसान।

साँसों में बसी
इन गलियों में
सिकुड़न बढ़ी है
इतनी भी नहीं/कि
धमनियों से बाहर
नहीं निकले आवाज।

पूरी ताकत से
पुकारने पर
धीरे से चरमराकर
खुलता है दरवाजा।

सिटकनियाँ/कुछ
सख्त हो गई हैं
या
उसकी आतुर बाँहों में
बेसाख्ता सिमट जाने का
नहीं बचा है
साहस।

कमरे में सजी
कुर्सी, टेबल, सोफों की
बदली हुई शक्ल
अन्दरूनी दीवारों की
बढ़ती चमक
हवा को थामती
खिड़कियों की ठसक
विज्ञापनी चलचित्रों के
यकायक
रुक जाने का
दृश्य गढ़ते हैं।

पर्दे से सटे
पर्दे
एक दूसरे को
चुप रहने की
हिदायत देते
नजर आते हैं।

चाहता हूँ
जोर से हँसूँ
गाने लगूँ
पुरानी फिल्मों के गीत
चिल्लाऊँ जोरों से

और तोड़कर
ड्राइंग रूम-बेड रूम की
लक्ष्मण रेखा
घर के भीतर तक
चला जाऊँ।

मगर,
दोस्तों के होंठों की
आवृत्तियों से
अपने स्वर की संगत
बैठाते हुए
केवल स्फुट फुसफुसाहट ही
आती है बाहर
अनुरागी मुद्रा में
निकले शब्द भी
नहीं लगते हैं
अन्तरंग।

चाहता हूँ
दोस्तों के घर जाऊँ
मिलूँ/बतियाऊँ,
वही रास्ते हैं
वही गलियाँ हैं
वही दरवाजे हैं
वही खिड़कियाँ हैं
दोस्तों के घर
वही हैं
दोस्तों से मिलना
मगर/अब
नहीं है
आसान।

## कैसी हो तुम

अपरिचय की अवस्था में
जब पहली बार मिले थे हम
शब्दों ने नहीं
सिर्फ धड़कनों ने ही
किए थे
संवाद।

परिचय के युगान्तराल पश्चात
जब अनायास ही मिल गई थीं तुम
बोलती रही थी लगातार
सर्दी-गर्मी-बारिश-मौसम
दीन-दुनिया, धर्म-राजनीति-समाज
के बारे में
बताती रही थीं
जमीन-जायदाद-कार-बंगला-प्रॉपर्टी
दोस्तों और दुश्मनों
की बातें।

तुमने किए थे सवाल
पत्नी-बच्चों
अम्मा-बापू को लेकर
जवाब देते हुए सबके

शायद, मैं भी दोहराता रहा था
यही सवाल
तुम से।

परिचय की इस अवस्था में
शब्दों की असंख्य जुगालियाँ
करने के बावजूद
इस बार भी तुमने नहीं
केवल धड़कनों ने पूछा था सवाल
कैसे हो तुम?
मेरी भी केवल धड़कनें ही
दोहरा पाई थीं यह सवाल
कैसी हो तुम?

## अनिर्णित

कागज की निस्पन्द
सफेदी पर
उभरी हैं
कुछ रेखाएँ
कुछ गहराती
मजबूती से
अपनी पहचान
जतलातीं।

कुछ महीन
कोमल
अपने आप में
मिटने को आतुर।

क्या
ये रेखाएँ
बना पाएँगी
कोई जीवन्त रूप
कोई आकार-साकार
या फिर
समय के किनारों से
कटते-कटते

सिमट जाएँगी
चुपचाप।

कागज की सफेदी
और
रेखाओं की स्याही
के मध्य
कुछ प्रश्न हैं
अभी अनिर्णित।

## उम्र का चालीसवाँ

बीत चुका है
अब
उम्र का चालीसवाँ।

तुम
वक्त की बेवा हो
हँसना मत
अब इतना ज्यादा
कि वह लगे
जवाँ
ठहाका।

चलना ऐसे कि
लगे
थामे हुए हो
रफ्तार।

दिखना ऐसे कि
ना दिखो
किसी को।

मिलना ऐसे कि

ना हो मिलने की
कोई चाह।

सुर्ख ख्वाहिशें
ललचाएँ अगर
पहन लेना रंग
मगर वही,
ना हो जो
चटख।

तमन्ना की तितलियों को
निहारना मगर
रखना शोखियों को
दिल के अन्दर
जज्ब।

ख्वाबों की कश्तियों को
तिराना इस तरह
भीगें मगर
छलके नहीं
आँख।

आँसू न बहाओ
रुखसत करो गमों को
रोना मत अब ना हँसना ज्यादा
ओढ़े रखना एक
उम्रदार
सलीका।

कहा
वक्त के मौलवी ने

पढ़ते हुए
आखिरी
फातिहा
गुजर चुका है अब
उम्र का
चालीसवाँ।

०००